하늘을 품다

이정희 시집

계간문예

하늘을 품다

시인의 말

하늘은 늘
그 자리에 있었지만
가슴에 하늘을 품었더니
그때부터
세상이 다르게 보였습니다.

풀잎 하나
새 한 마리도 시가 되어
말을 걸어왔습니다.

나의 삶은 햇살에 웃고
바람에 흔들리며
언제나 시가 되었습니다.

이 시집에 실린 시들은
제가 품은 하늘
그리고 당신에게 건네고 싶은
마음입니다.

2025년 여름 아산에서
請霞 李貞熙

■ 차례

시인의 말 • 5

1부 하늘을 품다

하늘을 품다 • 13
빗방울, 날고 싶다 • 14
하늘 • 16
골목길 • 17
포도향에 취하다 • 18
야생화 • 19
협동이란 • 20
하늘이 무너질 때 • 21
천태만상 • 22
호수는 인생이다 • 24
가슴을 열다 • 25
제비를 부르다 • 26
친구 • 27
찻잎의 초대 • 28
원더우먼 • 29
단풍드는 날 • 30
귀뚜라미 • 31

2부 어미 참새

관계 • 35
어미 참새 • 36
그림자 • 38
밤 줍기 • 40
가을의 기도 • 41
다시 태어나도 • 42
겨울바람 • 43
바람아 • 44
시인이 되고 싶다 • 45
그네 • 46
포장마차 1 • 47
그릇 • 48
67년 만의 봄날 • 49
유구, 수국 피는 마을 • 50
눈꽃 • 51
눈사람 • 52
화살을 돌려주세요 • 53

3부 모정

진주를 찾아서 • 57

모정 • 58

단풍, 나를 찾아서 • 60

쉬고 싶어요 • 62

가을에 부치는 편지 • 63

바다에 남겨진 고무신 • 64

꿈을 그리다 • 65

나 이제 괜찮아 • 66

고운 마음 • 67

소망 • 68

사랑 • 69

세월 • 70

맑은 창 하나 • 71

버팀목 • 72

공허한 대화 • 73

봄비 • 74

봄이 왔어요 • 75

4부 하늘을 우러러

하늘을 우러러 • 79

새가 되어 • 80

비상을 꿈꾸다 • 82

앉은뱅이꽃 • 83

무지개 • 84

초록빛 속삭임 • 85

낙엽 • 86

마술 • 87

너는 누구냐 • 88

앵두나무 • 89

아버지의 소원 • 90

당신이 보고 싶습니다 • 91

안부 • 92

아기의 하루 • 93

목련, 시간을 열다 • 94

웃음의 자리 • 95

말들의 잔치 • 96

5부 하늘에 심은 꽃

하늘에 심은 꽃 • 99

첫사랑 • 100

내 이름은 촉새 • 101

바람은 • 102

길 • 103

저녁 식탁 • 104

가을 • 105

나를 깨다 • 106

오작교 • 107

파도 • 108

포장마차 2 • 109

고운 마음 1 - 바다에서 • 110

고운 마음 2 - 숲에서 • 111

고운 마음 3 - 하늘에서 • 112

은행잎 길 위에서 • 113

감사의 자리에서 • 114

바람개비에게 • 115

발문 낮은 존재들의 가장 높은 하늘 • 119
　　── 차윤옥(시인·계간문예 편집주간)

1부

하늘을 품다

하늘을 품다

가을이다
속앓이로 얼굴이 창백하고
누군가 조심스레 건넨 따뜻한 말도
낙엽처럼 스쳐 지나갔다

억새가 은빛 바람에 울고
내 가슴에는
귀뚜라미의 한 줄 시가 흐른다

창문 하나 사이에 두고
억새와 귀뚜라미가
서로 울림에 젖어 운다

눈썹달
하나
창틀에 숨을 고르고

그날
가을이 나를 안았고
나는 하늘을 품었다

빗방울, 날고 싶다

호숫가 바람에 실려온
조그만 빗방울 하나
물결 위에 턱 괴고
하늘을 올려다본다

저 멀리, 새 한 마리
구름 사이로 선을 긋는다
빗방울은 작은 속삭임으로 묻는다
"나는 왜 날개가 없을까?"

떨어지는 순간에도
하늘을 닮고 싶었던 마음
그 한 줌의 소망을 담아
물결 위로 팔랑거린다

붉어진 노을이 호수에 젖고
마음에 번지는 그리움은
한숨처럼 퍼지는 파문

부러진 날개라도 좋으니

하늘 끝에 붙여달라고
조용히 기도해 본다

하늘

파아란 하늘이
먼저 말을 겁니다
햇살도 웃고
구름도 숨을 죽였지요

하늘을 펼쳐
붉은 감을 그리려다
문득 서늘한 바람결 따라
갈대 한 다발이
마음에 스며들었습니다

골목길

두 아들의 얼굴에 땀이 번들거린다
구슬치기 딱지치기 말타기
제 키만 한 야구 배트를
힘껏 휘두르는 몸짓
온몸이 빛나는 실루엣이다

태어난 지 두 달 된
순이네 강아지는
아이들 함성에 놀라
대문 앞에서 엎치락뒤치락
골목길은 오늘도 대만원이다

포도향에 취하다

새콤달콤한 맛이 온몸을 적신다
지나가던 쑥꾹새
입맛 다시며 뒤돌아본다

포도향에 취한 여름
즐거웠노라, 속삭이면
싱그러운 바람
휘파람 불며 다가온다

야생화

백두산 자락 야생화들
키가 큰 나무를 만날까 봐
마음 졸이며 두리번거린다

혹시 언덕 너머
숨바꼭질하듯 숨어버렸을까?

머리카락 보일라,
살금살금 바람 뒤에 숨고
옷자락이 나풀댈라,
구름 속에 꼭꼭 숨어버렸나?

아무리 눈 씻고 둘러보아도
큰 나무는 보이지 않는다

키 작은 야생화들
신이 났는지
하늘 향해 모두 만세 부른다

협동이란

꼬리에 꼬리를 물고
개미 행렬이 춤춘다

뒤에서 밀어주고
앞에서 끌어주며

어영차 어영차
힘든 줄 모른다

하늘이 무너질 때

그건 배신이었다
꿈에서도 몰랐던 일

내 마음이
얼마나 비통했는지
하늘이 무너진다는 말을
너는 알았을까

그 하늘
너도 무너진 적 있니?
숨이 멎고
세상이 멀어지는 순간을
넌 기억하니?

배신당한 고통
한 번이라도
겪어본 적 있니?
하늘 끝에 걸린 침묵처럼

천태만상

휠체어 탄 남자와
휠체어 미는 무표정한 여자

늙은 여자의 보폭에 맞춰
한 걸음 한 걸음
천천히 걷는 젊은 남자

점심 봉사 나온 사람에게
인사도 안 하고
밥그릇부터 내미는
식탐이 남다른 주민

크루즈 여행 온 노부부는
호화선상에서 뷔페 대신
고추장에 밥 비비고
김치로 세 끼를 넘긴다

예쁜 말 고운 말은
금고 깊숙이 감춰두고
미운 말만 골라 툭툭

뺃고 가는 얌체 주부

분수도 모르고
아무 때나 '모여, 헤쳐'를
외치는 덩치가 남산보다
더 커 보이는 부녀회장

천태만상이다

호수는 인생이다

잔잔한 물결 위에
인생을 띄워 보냈다

화산재 속에 묻힌 꿈을
한 줌 바람에 실어 보내고
땅바닥에 주저앉아
하염없이 눈물짓는 여인

그 모습이 왠지 모르게
가엾고 안쓰러워
나는 조심스레 속삭였다

"어디로 가고 싶니?"
그녀, 작은 미소 머금고 말했다
"유유자적 호숫가를 걷고 싶어요."

그래, 물 깊이 따윈 잊어도 좋아
가벼운 발끝으로
햇살 따라 마음껏 놀다 오거라

가슴을 열다

저 깊은 곳에서 울려오는 한마디
"감사합니다"

그저, 감사할 뿐이다
어제도 오늘도 내일도…
감사만으로 살아가는
한 여자가 있다

"늘 감사할 일이 예감처럼 다가와요."

그녀의 말에 나도 모르게
머리를 끄덕인다

나를 낮추고 또 낮춤 속에
진짜 내가 있고
진짜 감사가 있다

제비를 부르다

삼월삼짇날
제비들이 떼 지어 돌아왔다
하늘은 봄빛에 물들고
지붕 위 햇살이 다시 숨쉰다

아기 제비는 보이지 않는다
아기 제비 혹시 바람에 휘말린 걸까
다리가 풀려 마당 끝에
멍하니 주저앉았다

눈을 크게 뜨고
허공을 뒤지듯
대답 없는 하늘을 부른다

어미 곁에서 사랑만 주던 작은 날개
그 아기 제비를 떠올리며
눈꺼풀처럼 내려앉은
어둠 속을 혼자 무게처럼 걸었다

친구

폭죽 소리에 놀라 잠에서 깨니
휴대폰이 부서져 있었다

수십 년을 함께 한 친구
내 기억 속 모습은
늘 교복 입은 중학생이다

꿈속에서도
나는 폰을 가슴에 안고 있었다
내 안에 전기가 흘러
폰을 터뜨렸다고
골목에는 비명만 가득했다

마음속 응어리가
사방으로 흩어지니
조금은 홀가분했다

이제는 친구 그늘에서 벗어나
날갯짓하고 싶다

찻잎의 초대

오늘은 찻잎이 먼저 말을 걸어 왔다
햇살을 삼킨 잎맥 사이로
그윽한 향을 담아 나를 불렀다
"당신도 기다렸지요. 우리의 첫 만남을"

다식은 곁에서 살짝 웃으며
볼을 곱게 물들였다
쑥 향 먹은 청자 위로
검은 깨 하나가 수줍게 눈 맞춘다
내 마음도 한입 베어 물린 듯
사르르 녹는다
차는 천천히 작은 찻잔에 몸을 기댔고
그 순간, 시간도 한 모금 멈춰 앉았다
모든 것이 조용하고 따뜻하고 고요하니
바람조차 무릎 꿇고 찻자리 예법을 배운다
오늘, 찻잎의 언어를 배웠고
다식의 눈웃음을 읽었다

"나도 이제 차인茶人입니다"

원더우먼

발자국 하나에
꽃잎들 나비 되어 날아오르고
숨결 닿는 자리마다
플루트 소리 맴돈다

두 팔 번쩍이면 불꽃이 피어 오르고
뛰기 시작하면 천지가 흔들린다

빛나고 씩씩한 존재
어디든 길을 여는
나는 진짜 원더우먼이다

단풍드는 날

바람은 말을 아끼고
나뭇잎들이 먼저 고백한다
한세월 푸르게 견뎠고
이제 뜨겁게 물들어 떠난다고

햇살 한 줌에도
심장이 붉게 달아오르는 계절
한 잎, 또 한 잎
자신의 색으로 세상 물들이며

떨어지는 것은 지는 것이 아니라
다 이루었기에 내려오는 일

우리가 살아 낸 날들도
이렇게 아름다웠기를
그의 마음에도
붉은 단풍 피어나기를

귀뚜라미

귀뚤귀뚤 귀뚜르르
어둠 깃든 지하실이
네 노래 듣고 기지개 켠다

잠들었던 낙엽들도
바스락거리며 눈 뜬다

바람도 없고
지휘자도 없고
악보조차 보이지 않아도

한 맺힌 너의 울음소리
심금을 울리며
가을밤은 깊어만 간다

2부

어미 참새

관계

후두둑 빗줄기 하나
살며시 창을 열고
내 방을 들여다본다

황사 머금은 비가
내 눈과 마주치더니
작은 한숨 토해낸다

어젯밤, 잿빛 구름에 갇힌 하늘
무서워 울었다며 말을 건네고
화단의 풀잎들은
촉촉한 입술 삐죽 내밀고
밤새 뒤척였다고 투덜거린다

그때 하늘이 말없이 다가와
내 어깨 토닥이며 속삭인다

검은 비가 쏟아진 날에는
별빛이 더 환하게 빛날 거라고

어미 참새

천둥 치던 날
구름도 놀라
숨을 멈춘 듯했다

천지가 캄캄한 사이
잃어버린 새끼 찾아
어미 참새의 목은
하늘 끝까지 길어졌다

꿈인지 생시인지
"엄마" 부르는
희미한 울음소리

어미 참새는 날개를 떨며
허공을 가로질렀지만
기척 하나 남기지 않았다

비통한
어미의 눈물은
굵은 빗줄기로 쏟아지고

대지大地마저 떨고 있었다
어미는 울음을 삼키지 못해
한참동안 흔들렸다

그림자

빛이 있는 곳마다
당신은 내 발끝에서
숨을 고르고 있었지요
말도 없고, 발소리도 없이
늘 한 발짝 뒤에서
내 하루를 지켜보았지요

넘어질 때도, 웃을 때도
당신은 조용히
내 슬픔의 길이를 재었고
나를 감싸던 그 온기가
위로였음을 몰랐습니다

해가 저물면
당신도 내 곁을 떠났지요
그러나 밤이 되면
내 안의 깊은 어둠으로
다시 숨어들어
꿈처럼 웅크리고 있었습니다

이제야 알겠습니다
그림자는
외롭지 않게 살라고
하늘이 내게 준
깊은 동행이란 것을

밤 줍기

밤송이는 체조선수다

허공을 돌고 돌아
땅 위에 말없이 착지한다

바람의 시샘쯤은 웃어넘기며
마음 비워 툭, 내려앉는 솜씨

가득 넘쳐나는 가을
탐스런 열매 속에
웃음소리도 함께 담긴다

우리는 가을을 줍는다

가을의 기도

산기슭에 구절초 흩날리면
사람들은 어김없이
나의 집 대문을 두드립니다

바스락, 낙엽 밟는 소리
그 소리에
왈칵 눈물을 쏟습니다

기쁨의 눈물방울 매단 채
사람들에게
풍요와 희망을 나눠줍니다

나는 가을입니다

다시 태어나도

나는 다시 태어나도
너의 엄마가 되고 싶다

내세에는
네가 엄마 되어
나를 기다릴지 모르지만

그날이 온다면…

부르르 심장이 떨린다

두 손을 꼭 잡고
옛이야기 나누는
꿈을 꾸었다

우리는 다시 태어나도
모녀로 만나기를

겨울바람

네가 낙엽을 업고
몸부림치던 날

물까치 가족은
무리 지어 날아가다
사방으로 흩어지고
하천의 청둥오리들은
나들이 채비로 부산하다

땅속 깊이 잠들던
새싹들은 문틈 사이로
고개 내밀어 너를 달랜다

바람아

섬세한 너의 손길을
나는 오래도록 기다렸지

낮에는 햇빛을 바라보며
밤에는 달빛을 등에 지고
걷고 달리기를 삼백예순날

고단한 몸 너의 품에서
쉬고 싶었지만
너는 갓 피어난 꽃마저
질투하듯 스쳐가며
거칠게 숨을 몰았지

시인이 되고 싶다

한恨을 숨기고 가을을 노래하는 나
지나가는 바람이 슬며시 돌아본다

내가 나에게 부를 노래에
잠시 취해 있다 보면
어느새 가을이 가슴에 물들지만
거울 속 내 모습은 어디에도 없다

친구는 걱정스런 얼굴로
내 마음을 어루만지려 하고
귀뚜라미 울음은
오늘도 창가를 떠나지 않는다

가을과 이 작은 생명은
떼려야 뗄 수 없는 사이라고
낙엽을 줍는 시인이 조용히 말한다

그 말끝에서 한 줄 시詩가 피어났다
나는 오늘도 시인이 되고 싶다

그네

새처럼 날아보자

어깨에 오래된 추억을 달고
머리카락에는
햇빛 섞인 바람을 감는다

높이 더 높이 날아보자
새가 되어 날아보자
억새 위에 기억을 얹고

색실로 수놓은 웃음 하나
목에 두르고 휘파람 불자

줄 위를 걷는 능소화처럼
마음 한 조각, 하늘에 걸어
바람 따라 흔들린다

포장마차 1

실타래처럼 감긴 하루가
술 따라 풀리듯 술술 웃는다

골뱅이 무침, 막창구이
쓸쓸한 마음에 소주 한 잔
그 속에 눈물 한 방울
가만히 가슴에 담아본다

잡힐 듯 잡히지 않는
모래알 같은 사연들
희뿌연 담배 연기 속에
훨훨 날려 보내자

굴러온 돌도 박힌 돌도
이곳에서는 모두 평등하다며
웃음 터뜨릴 수 있는 밤
넘어지고 쓰러져도
오뚝이처럼 다시 일어서는 사람들
포장마차는 오늘도 끄떡없다

그릇

그릇을 씻으며
어머니의 향기 맡으면
맑은 국화 향이
조용히 집안을 감돕니다

손때 묻은 그릇 하나 하나
소중히 아끼시던 어머니는
구절초 한 송이 머리에 꽂고
햇살 되어 다가오십니다

그리움이 스며든 밥공기를
살며시 쓰다듬으면
내 손끝에도
고운 무지갯빛이 번집니다

찬장 속 그릇들,
어머니의 손맛을 그리워하는지
반들반들 얼굴을 내밀고
말없이 웃고 있습니다

67년 만의 봄날

운동장 끝 느티나무 그늘 아래

알사탕 돌려먹던 아이가
겸연쩍게 내 앞에 서 있다
주름진 손을 맞잡으며
우리는 한참동안 웃었다
서로를 몰라보다가
눈빛에서 그 시절이 빛났다

책가방에는 꿈이 가득했고
골목마다 웃음이 넘쳤었지
어느새 팔십 살이 된 우리
가슴 속에는 여전히 일곱 살

세월이 머문 자리에
꽃 한 송이 피어났다
이름을 불러주던 그 순간
나는 다시 아이가 되었다

유구, 수국 피는 마을

내 고향 유구에
색동저고리 입은 수국 피었다
청보랏빛 기억 위에
장독대 햇살처럼 은근히 내려앉는다

비 개인 골목
바람 따라 물든 수국 한 송이
어머니의 조심스러운 손길 같아
괜히 눈시울 젖는다

나는 유구에서 태어나
그 바람으로 숨 쉬었고
흙냄새로 마음을 키웠다
내 몸속에는 고향이 흐른다

겹겹이 쌓인 시간에도
내 시詩의 뿌리는 한결같다
나는 유구를 쓰고 노래한다

눈雪

체중계에 오른 눈송이
뜻밖의 눈금에
부르르 떨며 두 눈을 감는다

먼지보다 가볍다며
의기양양하던 눈송이
슬며시 몸을 턴다

돌덩이처럼 굳어진 눈 뭉치
러닝머신에 올라
땀을 흘리기 시작한다

눈사람

털모자를 쓴 눈사람
육각기둥 속에 둘러앉아 있다

천지에 수북이 쌓인 눈
꽁꽁 얼어붙어
눈사람의 다리가 되었다

눈송이 뭉쳐
코를 만들고
양팔에는 장갑도 끼워주었다

눈싸움에 흠뻑 빠진
동네 개구쟁이들
볼그레한 두 볼에는
예쁜 꽃 피웠다

화살을 돌려주세요

시위 떠난 화살,
자유 찾아 바다 건넜다
빈 둥지가 된 활,
머언 곳 바라보며
화살 찾아 두리번거린다

3부

모정

진주를 찾아서

산책로를 따라
고운 파도 일렁이는 바다

영롱한 진주를 찾아
눈을 감고 바다를 삼킨다

바닷속에는 진주 대신
불두화佛頭花가 수줍게 피어나
나그네의 시선을 붙잡고
나는 그 향기를 쫓다가
파아란 하늘을 올려다본다

하늘에는 고래 가족이
유유자적 헤엄치며
나를 향해 윙크 보낸다

모정

어머니가
진달래꽃 한 송이를
내 손에 살며시 쥐어 주신다

나는
어머니의 손을 꼭 잡고
걸음마다 숨이 차지만
어머니 곁을 놓지 않고 오른다

무덤가 할미꽃이
우리를 알아보듯 다가와
다소곳하게 고개를 숙인다

한겨울 내내
어머니를 기다렸다는
그 꽃의 속삭임에
어머니 눈빛은
저녁노을처럼 붉게 물들어 있다

나는 말을 잃어버린 채

회색 하늘만
오래도록 바라보았다

어머니의 핑크빛 사랑은
물안개가 되어
천천히
산 너머로 스며간다

단풍, 나를 찾아서

내 안의 나를 찾아
버티고 또 버텼지만,
굽은 허리와 지친 육신은
불에 달군 쇳덩이처럼
붉게 달아올랐다

노을빛에 물든 내 그림자
하늘이 출렁이듯 어지럽다

어디로 가야 할까
무심한 세월은 잡히지 않고
바람의 틈에 멈춰서서
마음만 헛돌고 있었다

주변을 둘러보니,
친구들 옷차림이
어느새 나를 닮았다

그때, 바람이 다가와
내 손을 꼭 잡는다

바람과 한 몸 되어
젊은 날의 꿈과 사랑을
되돌려 달라 외쳐보지만

허공을 헤매던 낮달은
다가오는 겨울 앞에서
말없이 빛을 접는다

쉬고 싶어요

초승달이
허공에서 버둥거린다

나를 위한
편안한 의자 하나
어디 없을까요?

이제는
조금 쉬고 싶어요

가을에 부치는 편지

노란 잎 하나
내 어깨에 내려앉습니다
이름도 없이 떠나는 것들
그 품이 이리도 따뜻할까요

들판은 속삭이듯 익어가고
바람은 지나간 시간을
되감아 보여줍니다

말없이 걷다가
문득, 마음 한쪽이
텅 비는 걸 느꼈습니다
그 자리에
가을이 앉아 있었습니다

바다에 남겨진 고무신

누군가의 여름이
나를 벗어두고 떠났다

모래 속에 반쯤 묻혀
나는 한 짝만 남아 있다

저 멀리 파도는
누군가의 이름을 삼키고
나는 그 이름도 모른 채
파도의 숨결을 듣는다

바람은 나를 건드리지 않는다
갈매기도 내게 앉지 않는다

오직, 깊어가는 바다 만
나처럼 홀로 무거워진다

꿈을 그리다

반짝이는 별들이
잠든 나를 깨운다

그가 말없이 나를 바라본다
우리, 눈이 마주쳤다

무슨 말이 하고 싶었을까
입술만 달싹였고
끝내 말은 들리지 않았다

그는 살며시 두 손 들어
하트를 만들었다

나 이제 괜찮아

거창한 꿈은 없었다
화려한 이름도
빛나는 순간도 없이
나는 그냥 그렇게 살았다

민낯이 부끄러워
고개 숙인 날도 있었지만,
지금은 알고 있다
평범하다는 게
얼마나 고마운 일인지

모든 시선이
나를 향하지 않아도
나는 나를
사랑할 수 있게 되었다

그래서 오늘
이 조용한 하루를
노래처럼 살아간다

고운 마음

무지갯빛 고운 옷을 입은 선녀가
바닷속에서 헤엄쳐 내게 다가온다

그 곁에서 거북이 한 마리
얼굴을 쏘옥 내민다

나는 조심스레
거북이 등에 올라
유유자적 산과 바다를 건너며
마음을 유람한다

소망

바다만큼 넓은 마음을
달라고
두 손 모아 빌었다

끝도 없이 펼쳐진 물결 너머,
보이지 않는 사계절이
고요히 숨 쉬고 있다

겨울바람에 갈대는 흔들리고
바닷가에는 눈송이처럼
소망이 흩날린다

가만히 그 깊은 물속을 들여다본다
나도 해녀가 되어
고래의 눈과 마주하고 싶다

사랑

나는 바다를 사랑한다

그 깊은 눈동자에는
오대양 육대주가
고요히 숨 쉬고 있다

태초의 기억 또한
물결처럼
조용히 머릿속에 누워 있고,

바다는 말없이
내 마음을 향해 다가왔다

나는 바다를 사랑한다

세월

문득 거울 앞에 서니
어느새 눈가에 잔물결이 지고,
손등에는
햇살이 쓴 시 한 편 놓여 있다

어릴 때는 시간이
너무 느리게 가던 것이
지금은 시간이 너무 빨라
"조금만 더 천천히"라고 속삭인다

꽃도 피고
사람도 피고
그리움도 피던 날들

가슴속 앨범을 넘기다 보면
내가 걸어온 길 위에
햇빛 한 줄,
바람 한 점이
살며시 머물다 간다

맑은 창 하나

마음을 여는 열쇠,
어디에서 찾을 수 있나요

마음을 읽는 책
어디 가면 구할 수 있나요

서로 마주 보며
두 손 꼭 잡고
눈 맞추며 웃을 날 기다립니다

내 마음에 맑은 창 하나 내어
당신을, 세상을
조용히 비추고 싶습니다

버팀목

몸과 마음이 아픈 날에는
가만히 벽에 기대어
눈을 감는다

등을 타고
천천히 온기가 올라오면
살포시 눈을 떠
벽을 쓰다듬는다

그 순간 알게 된다
벽은 나를 밀어내는 게 아니라
조용히 감싸 안고 있었다는 걸

말없이 서 있는
그 벽,
내 마음의 주치의인 것을

공허한 대화

내가 벽에게 말을 걸었다
"너에게 물을 게 많아."
벽이 대답했다
"아는 만큼만 말할게"

"옆집 아기는 많이 컸니?"
"응, 요즘은 어린이집에 다녀"

다시 물었다
"너는 나에게 궁금한 거 없니?"
벽이 어이없다는 표정으로 웃는다
"글쎄… 딱히 없는데"
벽은 천하태평이다

나만 궁금했나?

봄비

먼저
꽃망울 하나가 웃는다

겨우내 얼었던
산과 들은
비의 방문에 신났다
봄옷을
매만지며 숨을 고른다

흙 속에서 속삭이던 말들이
방울방울 땅 위로 튀어 올라
초록빛 숨결로 노래 부른다

봄이 왔어요

눈을 비비고
먼 산을 바라보니

산등성이를
토끼 한 마리가
햇살을 스치며 뛰어다닌다

다시 한 번 눈을 비벼 본다
산을 붉게 물들인 것은
봄소식을 퍼뜨리며
살금살금 핀 진달래였다

나는 봄을 살며시
치마폭에 감싸 안았다

4부

하늘을 우러러

하늘을 우러러

하늘 한 번 바라보며
손가락을 조심스레 걸었습니다

꽃잎 하나
내 손바닥에 내려앉았을 때
나는 눈을 감고
하늘에게 속삭였습니다

그 사람에게
미소가 피어나기를
내 마음이
끝까지 부끄럽지 않기를

오늘도 나는
하늘에 작은 소망 하나 띄워봅니다

새가 되어

유리 벽 안,
작은 새 한 마리
날갯짓에 지쳐
눈을 감으려한다

세상이 너무 힘들었다며
혼잣말을 하더니
자신의 발자국마저
지워버린다

"이젠 돌아가지 않겠어"
새는 외쳐보지만
지나가는 사람들
얼음장 같은 눈길만 던진다

그때 엄마 손을 놓친 아이가
유리 벽 너머 새를 바라본다

아이의 눈이 나를 담자
유리벽에 균열이 번지고 있었다

새는 날개를 펴고
하늘로 더 높이
자유롭게 날아오른다

비상을 꿈꾸다

잠결에 울음소리가 들려왔다
파닥이는 날갯짓에
내 마음이 조용히 떨렸다

희망을 실은 누리호가
붉은 숨결을 뿜으며
창공을 향해 솟아오른다

쏟아지는 환호 속
뜨거운 박수와 함께
바람마저 빛을 따라 올라간다

그 순간
나로도 앞바다가
은빛 미소로 출렁였다

앉은뱅이꽃

땅에 배를 깔고
하늘만 올려다보는
나는 앉은뱅이꽃

날아가는 새들에게
"나, 여기 있어!"
두 팔 벌려 소리쳤다

새들이 나를 스치듯 내려다보자
가슴은 철렁, 얼굴은 환해졌다

멀리 날아간 새가
저만치 나뭇가지에 앉는다
나는 두 눈을 감는다

짹, 짹 그 울음은
어딘가에 들려온
너무 늦은 대답 같았다
나는 다시 머언 하늘을 바라본다

무지개

"꽃길을 걷고 싶어요."
그 말에 바람이
낮은 현처럼 떨며 귓가를 스쳤지요

순간
무지개 하나
빛을 물고 하늘에 걸렸습니다

그 옆에
빛결 따라 무지개 하나 더 포개지자
나는 두 손을 모아
살며시 눈을 감습니다

소망은
가장 고요한 기도 속에서
빛을 타고 피어나니까요

초록빛 속삭임

현서네 녹보수는
잎마다 햇살이 묻은 듯
반질반질 윤이 난다

우리 집 초록이는
푸석푸석 잎끝이 마르고
기운 없어 고개 떨구었다

식용유라도 발라 줄까
잎사귀 하나하나
손바닥으로 정성껏 문질러주며
"괜찮아"하고 속삭였다

그 순간 잎끝이 살짝 들썩이며
초록이는 수줍게 웃었다
나도 입을 가리고 몰래 따라 웃었다
우리 사이에
조금씩 빛이 번지기 시작했다

낙엽

잎이 진다고 슬퍼하지 말아요

사방이 훤히 트이면
마음도 맑아지고
빛이 다시 드러납니다

잎에 가려 보이지 않던
허물 하나
내 곁을 맴돌며
조용히 눈을 마주칩니다

풍성할 때는
고마운 그늘이 되어주고
질 때는
다시 뿌리를 위한 거름이 되니
낙엽도, 인생도
참 고맙습니다

마술

조물주의 끝에서 태어난
한 송이 꽃
꿈처럼 피어나
환하게 다가옵니다

가끔은 꿈인가 싶어
볼을 살짝 꼬집어 봅니다

그 어떤 예술가도
그릴 수 없는
삶이라는 무대 위의 장면들

조물주는 지금도
마술 삼매경에 빠져 있을까요

구경꾼의 눈빛은
별처럼 반짝이고
숨결마저 조용히 멈춥니다

너는 누구냐

어느 마술사도
그 어떤 화가도
흉내 내지 못하는 손길

보이지 않게
나를 감싸 안고
위험의 문턱마다
나를 보호해 주는
너는 누구냐

별들도
너의 자취를 따라
눈을 맞추고
고개 숙여 길을 연다

너는 누구냐
내 안이 조용히 떨릴 때
그 이름이 떠오른다

하나님의 은혜 은혜로다

앵두나무

뭉게구름 밀어내고
고개 내미는 햇살처럼
당신은 나의 찬란한 빛

오직 한 사랑
이 마음,
기꺼이 당신께 드립니다

봄이면 수줍은 앵두꽃도
당신을 생각하며
붉은 숨을 틔웁니다

잎새마다
기쁨이 번지고
바람도 살며시 웃지요

아버지의 소원

웃음꽃 하나
아버지의 목마에 매달고
푸른 꿈 하나
아버지의 등에 실었습니다

꽃구름처럼 피어난
따뜻한 말씀들 사이로
어느 날 아버지의 소원을 읽었습니다

무지개처럼 화려하진 않아도
봄 햇살처럼 맑고,
바람처럼 건강하게
그저, 그렇게만 자라다오

말은 없었지만 투박한 손이
내 머리를 천천히 쓰다듬을 때
나는 세상에서
가장 포근한 기도를 느꼈습니다

당신이 보고 싶습니다

성적표를 내밀던 날이면
당신은 안주머니에서 도장을 꺼내
입김 한 번 불어
꾸욱, 붉은 웃음을 찍으셨지요
그 미소 오늘도 그립습니다

학년이 바뀔 때마다
제일 먼저 서점에 들러
전과, 수련장, 참고서를
한아름 안겨주시던 그 손길

예쁜 옷 사 오시고
맛있는 반찬은 자식 앞으로 밀어주시고
뒤에서 흐뭇하게 웃으시던 당신 얼굴에
세상에서 가장 따뜻한 사랑이 있습니다

아버지, 당신이 보고 싶은 밤이면
하늘의 별을 하나, 둘, 셋…
헤아리다 말고, 눈물 훔칩니다

안부

장미 향기가
내 안의 낡은 문을 열었다
잊었던 웃음 하나
풀잎에 매달려 흔들린다

예쁘다는 말도 하기 전부터
눈동자가 먼저 고백해 버렸다
꽃마다 자기 이야기를 건네는 듯
색깔도 향기도 하나같이 제멋이다

만개하지 않은 꽃이
더 고운 이유는
기다림의 속삭임이
그 안에 숨어 있어서다

장미 한 송이 앞에 멈춰
나도 조용히 안부를 묻는다
"너는, 오늘 행복했니?"

아기의 하루

나는 오늘도 분주하다
팔다리 쭉쭉 뻗으며
세상을 배우는 중이다

웃음 연습도 잊지 않고
뺨을 한껏 밀어 올린다

울다가 웃다가
다시 울다 웃다가
그게 나의 하루다

나는 말 못해도 알고 있다
두 손 모아
나를 바라보는 마음

그 사랑을 안고
오늘도 한 뼘 자란다

목련, 시간을 열다

마당 한쪽에서
조용히 접혀 있던 시간이
하얗게 열렸다

목련이 피었다
그건 꽃이 아니라
말 없는 편지였다
부치지 못한…

햇살을 머금은 잎새마다
그날의 숨결이 흐르고

나는 잠시 멈춰
내 안의 오래된 기억 하나
슬그머니 꺼내본다

웃음의 자리

웃음이 터졌다

살아야 했기 때문에
입꼬리를 살짝 움직였다

입은 웃었지만
눈은 조금 늦게 따라왔고
심장은
한참 뒤에 겨우 웃음을 배웠다

그렇게 하루가 무너지지 않고
기적처럼 넘어갔다

마음 한구석에서
작은 웃음 하나가 저절로 피어났다

슬픔이 물러난 자리였다

말들의 잔치

말들이 꽃처럼 피어나는 줄 알았습니다

달콤한 향기에 취해
고개를 끄덕이다 보니
내 마음 한 자락이
서서히 사라지고 있었습니다

무지갯빛을 두른 말들이
진실인 줄 알았는데
그 속에 슬픔이
알알이 숨겨져 있었지요

소문은 불꽃처럼 번지고
거짓은 주연이 되어
화려한 잔치를 벌입니다

진실한 말 한마디 가슴에 붙들고 싶어
조용히 귀 닫고 마음을 꿰맵니다

5부

하늘에 심은 꽃

하늘에 심은 꽃

바닷물에 젖은
넓은 하늘에
나는 낮달맞이꽃을 심었지요

희망의 무지개를 걸고
변치 않겠다는
작은 맹세도 띄웠어요

사랑을 품은 붉은 해가
가만히 마음을 덮여주고

황금빛 파도는 속삭이듯
단풍잎을 나들이에 데려갑니다

밤이 오면 그믐달이
조용히 머금습니다

첫사랑

실개천 사부작사부작
내 마음 곁을 맴돌고
초록 풀밭이 놀란 듯 번쩍 눈 뜬다

호랑나비 두 마리
꽃밭 위에서 느릿느릿 춤추다
봉황처럼 햇살 속 궁전으로 날아오른다

보랏빛 라일락 부케 들고
하늘을 올려다보니
뭉게구름이 원을 그리며
팡파르 울린다

첫사랑은 가슴 속에 조용히 불붙는
비밀스런 계절이었다

은하수가 쏟아지던 여름밤
그 이야기는 아직도
별빛 사이를 걷고 있었다

내 이름은 촉새

나는 내 이름이 참 좋습니다
작지만 반짝이는 자부심이 있지요

친구들은
내 입에서 뭐가 튀어 나올까
눈을 반짝이며 바라봅니다

나는 궁금한 건 못 참아요
세상 모든 소리에 귀가 쫑긋!

가끔은 너무 말이 많다고
외면당할 때도 있지만

그래도 나는 기죽지 않아요
가슴을 쫙 펴고 하늘을 날지요

내 이름은
내 이름은
바로 촉새입니다

바람은

바람이 자나간다
어디선가 들고 온
사막 냄새가 황량하게 번진다

그곳에서의 하루
꿈에서도 마르지 않아
모래알처럼 눈가에 남는다

한참 뒤,
또 다른 바람이 분다
바다 내음을 실어온 바람

그 향기는 찬 가슴을 데우고
허기진 마음에
작은 온기를 부어준다

길

먼지와 안개가
어깨를 맞대고 눕는다
지나가는 발자국마다
속삭임을 흘린다

늘 낮은데 머물렀지만
멀리 열린 길 위에서
이제는 허리를 펴고
햇살을 걷고 싶다

저녁 식탁

불빛이 하나, 둘 켜지는 순간
숟가락 소리 사이로
하루가 고개를 숙인다

김이 오르는 밥그릇 너머
아버지의 주름이 말없이 웃고
어머니의 손끝엔
바람이 국물 속에 담긴다

소금처럼 녹아든 말들
입안에서 천천히 풀리고
무심히 나눈 눈빛에도
따뜻한 국이 담긴다

비워낸 그릇만큼
마음도 가벼워지는 밤
저녁은 늘,
사랑으로 차려진다

가을

노란 국화가
바람의 손을 잡고
문틈 사이로 살며시 들어섭니다

우리, 말없이 눈을 마주치며
가을의 냄새를 삼켰지요

귀뚜라미 울음은
땅 깊숙이 씨앗을 흔들고
풀섶에서 한 줌 햇살이 부스러집니다

저물녘 바람 끝에서
계절은 조용히 익어가고
흙마저 노래하는 계절
가을이, 우리 곁에 앉아있습니다

나를 깨다

내 안의 무대에서
혼자서만 연극을 했지
이제는 관객의 눈빛을 마주할 시간

담장 안에서 잠든 날들이
먼지처럼 흩어진다

문득 바람이 스쳐
마음 어딘가를 간질인다

그래, 일어나야지
나를 다시 세워야지

창밖 풀벌레 한 마리
먼저 깨어 어둠을 흔든다

오작교

기차 레일이 교차하는 지점에
잠시, 별빛 하나 머문다

낯선 얼굴이 스친 눈빛
말보다 먼저 마음이 움직인다

나는 조금 느리게 다가갔고
그는 아무 말 없이 웃었다

햇살 속 작은 숨결처럼
감정은 조용히 피어나고
어디선가 향기에 이끌린 그림자 하나
맴돌기 시작했다

파도

늘 무언가에 쫓기듯
달려왔지만

가까워지기는커녕
산은 안개처럼 멀어지고
부서지는 파도만
큰소리 지릅니다

이제는 침묵하렵니다
겹겹이 가라앉는
물속의 마음처럼

나는 파도를 닮고 싶지 않아요
고요한 물살로
하루를 다듬고 싶습니다

포장마차 2

번화한 거리에 해가 지고
어둠이 내리는 시간
한명 두명 사람들이 모여든다
플라스틱 의자에 삼삼오오 모여 앉아
각자의 이야기를 풀어놓는다
한잔 두잔 기울이는 술잔에
웃음꽃이 피어나고 깊어지는 우정
따뜻한 국물에 얼어붙은 몸 녹이고
매콤한 안주에 삶의 시름을 잊는다

어깨 부딪히며 사는 도시
잠시 멈춰 서서 쉬어가는 곳
포장마차는 삶의 쉼표이자
진솔한 이야기가 오가는 작은 세상이다
오늘도 밤늦도록 환하게 불 밝히고
사람들의 소박한 행복을 담아낸다

고운 마음 1 - 바다에서

무지갯빛 고운 옷 입은 선녀가
바닷속에서 헤엄쳐
내게 다가온다

그 곁에서
거북이 한 마리
얼굴을 쏘옥 내민다

나는 조심스레
거북이 등에 올라
유유자적,
바다를 건너며
마음을 유람한다

고운 마음 2 - 숲에서

풀잎이 속삭인다
마음이 고운 사람에게만
보이는 길이 있다고

햇살이 그 길 위에
노란 꽃잎을 깔아주고
나비 한 마리가
나의 발끝을 인도한다

나는 숨을 고르고
숲의 말을 듣는다
고운 마음 하나
새잎처럼 돋아난다

고운 마음 3 - 하늘에서

별 하나가 말을 건다
너의 마음이 맑아져서
이제 내 빛이 들린다고

달이 나를 향해
하얀 손을 흔들고
구름 위에서 고양이 한 마리,
느릿느릿 걸어간다

나는 가만히 눈을 감고
하늘을 향해 미소 짓는다
오늘도 고운 마음으로
누군가의 별이 되고 싶다

은행잎 길 위에서

노란 은행잎 수북한 가을 길
타니와 코리 두 녀석이
나란히 걷는다

바람 한 점 없어도
그 장면은 흔들렸다
영화 속 장면이다

착하디착한 눈빛으로
나를 한 번씩 돌아보던 녀석들

지금도 그 길 어딘가에서
은행잎 밟으며
나를 기다릴 것 같다

감사의 자리에서

주님,
늦게 찾아온 저를
기다림의 품으로 안아주시고
과분한 직분까지 허락하셨으니
이 모든 것은 은혜입니다

목사님의 따뜻한 말씀은
제 하루를 빛으로 물들였고
성도님들의 미소는
저를 주님의 가족으로
불러주셨습니다

이 자리에 있음이 기쁨이고
하나님을 사랑하는 마음만은
진실입니다

제 이름 앞에 붙여주신
'명예'라는 두 글자,
저는 날마다
기도로 채우겠습니다

바람개비에게

노을이 뺨을 스칠 무렵
골목 어귀에서
너는 쉬지 않고 돌고 있었다
바람의 채찍 속에서도
너는 고개 숙이지 않았다
투명한 날개로
허공을 꿰뚫으며 버텼다
초승달이 살짝 웃자
너는 갑자기 회오리가 되어
내 어릴 적 시간을 휘감았다
지워진 줄 알았던
울음 한 점이 다시 떠올랐다
꽃 핀 들판 한가운데
나도 너처럼 돌고 싶었다
지구의 중심을 향해
잠시 나를 잊고
너와 함께 빙글빙글
멈추지 않고 돌고 싶었다

발문

| 발문 |

낮은 존재들의 가장 높은 하늘
― 이정희 시집 《하늘을 품다》

차 윤 옥
(시인·계간문예 편집주간)

 이정희 시인의 이번 시집 《하늘을 품다》는 '하늘'에서 시작해 '하늘'에서 마무리한다. 이 시집에서 '하늘'은 그리움의 대상, 소망의 공간, 위안과 자유의 상징으로 다양하게 변주된다. 하늘은 무형의 감정을 담는 그릇이며, 화자의 감정이 투영되는 무대이기도 하다. 존재의 고향이자 회귀의 장소, 구원의 공간이자 자아의 심연과 맞닿는 거울로도 비친다. 하늘은 내면의 고요와 슬픔, 기도, 소망, 자유, 생명력까지 모두를 수용하는 이미지로 확장되기도 한다. 각 시에 등장하는 화자는 하늘을 향해 고개를 들거나, 눈을 감고 하늘을 꿈꾸며, 하늘로부터 위로받거나 응시한다. 그런 행위는 '자아의 구원'과 '삶의 본질 탐색'이라는 철학적 질문과 맞닿는다. 화자는 대체로 상처 입은 존재지만, 그 시선은 궁극적으로 '하늘'이라는 초월적 공간에 도달하려는 순례자의 태도를 견지한다. 시어들은 대체로 단정하고 명료하다. 과장 없이 절제되어 시적 긴장을 유지한다. 하늘을 품은 세계와 낮은 존재들의 가장 높은 시심으로 독자에게 감정을 강요하지 않고 여운을 남긴다.

가을이다
속앓이로 얼굴이 창백하고
누군가 조심스레 건넨 따뜻한 말도
낙엽처럼 스쳐 지나갔다

억새가 은빛 바람에 울고
내 가슴엔
귀뚜라미의 한 줄 시가 흐른다

창문 하나 사이에 두고
억새와 귀뚜라미가
서로 울림에 젖어 운다

눈썹달

하나
창틀에 숨을 고르고

그날
가을이 나를 안았고
나는 하늘을 품었다

— 〈하늘을 품다〉 전문

    표제 시 〈하늘을 품다〉는 계절의 상징인 '가을'을 배경으로 인간 내면의 감각과 기억, 그것들이 자연과 교감하는 방식에 대해 섬세하게 천착한다. 이정희 시인은 외부 세계에서 일어나는 자연의 현상(바람, 억새, 창문, 하늘 등)을 내면의 감정선과 교차시키며, 화자가 '가을'이라는 시간의 품에 안겨, 더 나아가 '하늘'을 품게 되는 정서적 순간을 시화詩化했다. 창밖의 억새, 귀뚜라미, 눈썹달 등 계절의 이미지들이 감정과 절묘하게 어우러진다. "그날/가을이 나를 안았고/나는 하늘을 품었다"에서 '가을이 나를 안았다'는 표현은 시인이 계절과 일체화되었음을, 화자가 자연의 품에 기꺼이 안겼음을 뜻한다. 특히, 마지막 행 "나는 하늘을 품었다"는 구절은 더욱 주체적인 선언이며 감정의 귀결점으로 시를 잘 마무리한다. 안기는 데 그치지 않고, 품는 데까지 나아간 화자는 자연과 감정, 기억과 시간의 대순환 속에서 자기 존재를 온전히 껴안는다. 이때 '하늘'은 단순한 자연물이 아니라, 시인의 삶을 감싸는 존재적 상징이다. 즉, '하늘을 품는다'는 것은 시인이 자기 존재 전체를 감정적으로나 정신적으로 수용하고 있다는 고백이자 다짐이다. 단순하면서도 철학적인 마무리로 시 전체의 의미를 응축해 놓았다.

가을 정서 속에서 하늘은 마음의 공허함과 동시에 위안의 대상이다. 감정을 과잉으로 설명하지 않고 간결하게 그려낸 절제된 언어는 독자에게 여백을 남겨주기도 한다. 이 시는 독자에게 시란 무엇인가라는 근본적 질문을 던진다. 그에 대한 이 시의 대답은 단순하고도 깊다. '억새와 귀뚜라미와 눈썹달'이 함께 부르는 조용한 합창이며 하늘처럼 너른 품 안에서 자기 자신을 껴안는 일이라는 것이다. 이런 정서와 사유는 오늘날 과잉된 언어와 이미지 시대 속에서 오히려 절제와 침묵의 미학으로 우리를 인도하는 시적 행위라 할 수 있다. 결국 자연과 내면이 서로 반사되고 흡수되는 방식으로 구성되며 화자는 그 경계에서 감각하고 고요히 사유한다.

호숫가 바람에 실려온
조그만 빗방울 하나
물결 위에 턱 괴고
하늘을 올려다본다

저 멀리, 새 한 마리

구름 사이로 선을 긋는다
빗방울은 작은 속삭임으로 묻는다
"나는 왜 날개가 없을까?"

떨어지는 순간에도
하늘을 닮고 싶었던 마음
그 한 줌의 소망을 담아
물결 위로 팔랑거린다

붉어진 노을이 호수에 젖고
마음에 번지는 그리움은
한숨처럼 퍼지는 파문

부러진 날개라도 좋으니
하늘 끝에 붙여달라고
조용히 기도해 본다

— 〈빗방울, 날고 싶다〉 전문

   이 시 〈빗방울, 날고 싶다〉는 한 편의 동화처럼 시작된다. 호숫가에 떨어진 작은 빗방울이 자신을 하늘로 띄워보려 애쓰는 이야기로 빗방울 스스로 "나는 왜 날개가 없을까?"라는 자문을 던지며 하늘을 담고 싶은 내면의 결핍과 염원을 간결하게 드러낸다. 물 위의 빗방울을 하늘로 오르고자 하는 존재로 그리며 '소망'과 '좌절'에서 다시 소망으로 이어지는 내면의 순환을 담는다 이 단순한 설정은 시적 장치로서 탁월하다. 하찮게 여겨질 수 있는 자연의 일부인 빗방울이 날고 싶은 존재의 갈망을 품고 있다는 설정은 곧 인간 존재의 메타포이다.

이 시의 핵심은 빗방울이다. "호숫가 바람에 실려온/조그만 빗방울 하나/물결 위에 턱 괴고/하늘을 올려다본다" 빗방울은 작고 미미하며, 곧 사라질 운명에 놓인 존재다. 하지만 그 존재는 자신의 유한함을 인식하면서도, 하늘을 향한다. '턱을 괴고 하늘을 올려다본다'는 표현은 인간의 사색과 닮았다. 이 작은 생명이, 마치 인간처럼 고요히 사유하고 있는 모습은 시인 특유의 감성적 의인화가 빛을 발하는 대목이다.

둘째 연에서 "나는 왜 날개가 없을까?"라는 질문은 단순한 의문을 넘어선다. 여기서 날개는 단지 날아다니는 능력이 아니라, 자유, 이동성, 꿈, 초월의 상징이다. 이 질문은 시 속의 빗방울이 던지지만, 결국 우리 자신의 내면이 던지는 물음으로 되돌아온다. "왜 나는 이토록 무력한가", "왜 나는 이 자리에만 머물러야 하는가"라는 삶의 보편적 질문이 이 한 문장에 응축되어 있음을 읽을 수 있다. 3연에 "떨어지는 순간에도/하늘을 닮고 싶었던 마음/그 한 줌의 소망을 담아/ 물결 위로 팔랑거린다" 는 시 전체에서 가장 아름답고도 찬란한 구절이다. 떨어짐은 곧 종말이며 사라짐의 다른 이름이다.

이정희 시인은 그 순간에도 하늘을 닮고 싶은 마음을 놓지 않는다. '팔랑거린다'는 표현은 빗방울의 가벼운 떨림이면서도, 절망 속에서도 포기하지 않는 희망, 그것은 이 시가 전달하고자 하는 가장 깊은 철학적 메시지다. 마지막 연에서 "부러진 날개라도 좋으니/하늘 끝에 붙여달라고/조용히 기도해 본다"는 종교적 사유에 가까운 '기도'로 마무리된다. 부러진 날개는 이미 비행이 불가능하다는 사실을 인지한 존재의 상징이다. 그럼에도 불구하고 붙여달라고 기도한다는 것은, 자기 존재가 유한함을 인정하면서도 초월을 향한 염원을 끝내 놓지 않겠다는 의지이다.
  이 시는 처음부터 끝까지 거창한 외침이 아닌, 고요한 물결 위에 적시는 한 줄기 소망의 독백이다. 작은 존재가 품은 소망이 어떻게 시를 통해 초월로 향할 수 있는지를 섬세하게 그려낸 작품으로, 날고 싶으냐고 물어보며 부러진 날개여도 좋으니 하늘 끝에 닿고 싶다고 답한다. 그 자체가 하나의 날개가 되어 독자를 위로한다.

  파아란 하늘이
  먼저 말을 겁니다
  햇살도 웃고
  구름도 숨을 죽였지요

  하늘을 펼쳐

붉은 감을 그리려다
문득 서늘한 바람결 따라
갈대 한 다발이
마음에 스며들었습니다

— 〈하늘〉 전문

시 〈하늘〉은 계절의 정경을 통과하여 내면의 감정으로 파고드는 조용한 순간의 기록이다. 이정희 시인은 '하늘'을 단순한 배경으로 그리지 않는다. '말을 거는 존재'로, 그리고 '감정을 스며들게 하는 매개체'로 형상화한다. 첫 행 "파아란 하늘이/먼저 말을 겁니다"에서 이정희 시인은 자연을 수동적으로 바라보는 것이 아니라, 자연이 먼저 인간에게 말을 건다는 능동적 관계성을 발견한다. 화자는 듣는 자이며, 감응하는 자다. 여기서 '파아란'이라는 중첩된 모음은 하늘의 맑음과 동시에 감정의 개방 상태를 암시한다. "햇살도 웃고/구름도 숨을 죽였지요"는 자연의 풍경을 감정화하는 전형적인 시적 장치다. 햇살은 웃고, 구름은 숨을 죽인다. 밝음과 고요함, 두 개의 감정이 대비되면서도 조화를 이루는 이 구절은 마치 자연이 감정을 나누는 생명체처럼 읽힌다.

구름이 숨을 죽였다는 표현도 인상적이다. 이는 공간적 침묵이 아니라, 정서적 몰입과 집중의 분위기를 만들어내며, 화자가 곧 자연의 감정선에 동화되고 있음을 암시한다. 마지막 연 "서늘한 바람결 따라/갈대 한 다발이/마음에 스며들었습니다"는 시 전체의 정서가 고요하게 정리되는 부분이다. '서늘한 바람'은 가을의 정취이며, 그 바람을 따라오는 '갈대 한 다발'은 자연의 사물인 동시에 화자의 감정이 담긴 상징물이다.

이 시는 바로 그런 감정의 잔잔한 파문을 표현하는 서정의 미학을 구현한다. 시 〈하늘〉은 자연과 감정이 서로 닮아가는 과정을 조용히 담아낸 작품이다. 하늘이 말을 걸고, 구름이 숨을 죽이며, 갈대 한 다발이 마음에 스며든다는 장면들은, 자연의 감각이 인간의 정서로 전이되는 서정시의 본령을 보여준다. 이정희 시인은 긴 말을 하지 않는다. 자연과 마음이 만나는 자리, 그 감정의 여백을 아름답게 열어 보일 뿐이다.

> 어머니가/진달래꽃 한 송이를/내 손에 살며시 쥐어 주신다//나는/어머니의 손을 꼭 잡고/설움마다 숨이 차지만/어머니 곁을 놓지 않고 오른다//무덤가 할미꽃이/우리를 알아보듯 다가와/다소곳하게 고개를 숙인다//한겨울 내내/어머니를 기다렸다는/그 꽃의 속삭임에/어머니 눈빛은 /저녁노을처럼 붉게 물들어 있다//나는 말을 잃어버린 채/회색 하늘만/오래도록 바라보았다//어머니의 핑크빛 사랑은/물안개가 되어/천천히/산 너머로 스며간다
>
> — 〈모정〉 전문

시 〈모정〉은 어머니라는 존재와 그 사랑을 화자의 내면 풍경

안에 시화한 작품이다. 특히 '진달래꽃', '핑크빛', '물안개', '저녁노을' 등 감각적 이미지들을 통해, 모정을 단순한 그리움의 감상에 머무르지 않고, 존재론적 기반과 시간의 흐름 속에 녹여내는 데 성공한다.

첫 연 "어머니가/진달래꽃 한 송이를/내 손에 살며시 쥐어 주신다"는 구절은 단순한 행위 이상의 깊이를 지닌다. 진달래는 봄의 전령이며, 전통적으로는 이별과 기원의 꽃으로 인식되어 왔다. 화자에게 진달래를 '쥐어 주는' 어머니의 손은, 사랑을 전하는 매개이자, 생의 가치를 물려주는 상징적 제스처이다. 이 장면은 생명과 사랑의 전승이라는 큰 틀로 읽을 수 있으며, 그 '살며시'라는 부사도 어머니 사랑의 섬세함과 조심스러움이 극대화된다.

두 번째 연 "나는/어머니의 팔을 꼭 잡고/한 걸음마다 숨이 차지만/어머니 곁을 놓지 않고 오른다"에서 화자는 숨이 찰 정도로 힘겹지만, 끝내 어머니의 곁을 놓지 않는다. 이는 모정의 무게이자 존재의 인연을 끊지 않으려는 의지로 읽힌다. 어머니를 따라 걷는 자식의 행보는 시간 속에서 반복되며, 그 속에는 사랑, 책임, 순종, 그리움이 교차한다.

마지막 두 행 "어머니의 핑크빛 사랑은/물안개가 되어/천천히/산 너머로 스며간다"는 결말은 모정의 완전한 형상화다. 핑크빛은 모성의 따스함, 부드러움, 사랑의 색조이며, 물안개는 그 사랑이 사라지지 않고 공기와 풍경이 되어 퍼져나감을 뜻한다. 어머니는 떠났지만, 사랑은 결코 사라지지 않고 남겨진 사람의 삶을 감싸고 있다는 고백이다.

시 〈모정〉은 단순한 회상이나 추모의 시를 넘어, 사랑의 시간성과 지속성을 품은 작품이다. 어머니는 진달래꽃을 쥐어주고, 자식은 그 손을 잡고 걸으며, 끝내는 침묵 속에서 사랑의 실체를 깨닫는다.

> 천둥 치던 날/구름도 놀라/숨을 멈춘 듯했다//천지가 캄캄한 사이/잃어버린 새끼 찾아/어미 참새의 목은/하늘 끝까지 길어졌다//꿈인지 생시인지/"엄마" 부르는/희미한 울음소리//어미 참새는 날개를 떨며/허공을 가로질렀지만/기척 하나 남기지 않았다//비통한 /어미의 눈물은/굵은 빗줄기로 쏟아지고//대지大地마저 떨고 있었다/어미는 울음을 삼키지 못해/한참동안 흔들렸다
>
> — 〈어미 참새〉 전문

시 〈어미 참새〉는 극적인 서사의 전개는 없지만 시적 정서의 진폭을 강하게 드러낸다. 작고 연약한 새 한 마리의 행동을 통해 인간의 감정 깊이와 보편적 생명의 숭고함을 동시에 보여준다. 천둥 번개라는 장엄한 자연의 힘도 어미의 절박한 울음 앞에서는 멈칫한다. 시 전체는 비극 속 모성애의 장엄한 정경화, 모성의 절규로 나아간다.

첫 연 "천둥 치던 날/구름도 놀라/숨을 멈춘 듯했다"는 시의 정

서를 단숨에 장악한다. '천둥', '구름', '숨' 등 장중한 자연어휘들이 배치되며, 이는 슬픔이 얼마나 압도적이고 전면적인가를 암시한다. 자연조차 멈춘 듯한 정적은 슬픔의 서막을 알리며 인간의 정서가 도달할 수 있는 비극의 최고조를 상징적으로 보여준다. "잃어버린 새끼 찾아/어미 참새의 목은/하늘 끝까지 길어졌다"는 시구는 물리적으로 불가능한 현상을 통해 절박함의 상징화를 이룬다. 이 표현은 자식을 찾는 간절한 모성의 언어이며, 동시에 그 소리가 닿기를 바라는 절실한 바람의 형상화다.

넷째 연 "꿈인지 생시인지/ '엄마' 부르는/희미한 울음소리"는 인간 언어와 동물 본능의 경계를 무너뜨리며, 참새의 울음이 곧 인간의 비명처럼 들리게 만든다. 이러한 장치는 감정의 투사를 극대화하는 시적 전략으로 매우 인상적이다. "허공을 가로질렀지만/기척 하나 남기지 않았다" 이 시구는 희망의 부재를 정면으로 마주한다. 모든 시적 긴장을 모아둔 어미의 날갯짓은 허공을 가르지만, 결과는 오직 무력한 현실의 인식일 뿐이다.

여섯 째 연 "비통한/어미의 눈물은/굵은 빗줄기로 쏟아지고"라는 표현에서 눈물과 빗줄기가 하나의 흐름으로 연결되며, 감정은 자연 속에서 확대 재생산된다. 마지막 연 "대지大地마저 떨고 있었다/어미의 울음을 삼키지 못해/한참동안 흔들렸다"는 시 전체의 정서를 장엄함의 영역으로 끌어올리는 결정적 장면이다.

참새 한 마리의 울음이 '대지'를 흔든다. 이는 연약한 존재의 비통함이 얼마나 강력한 힘을 발휘할 수 있는지를 역설적으로 보여준다. 〈어미 참새〉는 생명을 잃은 슬픔, 특히 그것이 어미의 마음에서 비롯될 때 얼마나 깊고 광대한 울림을 지니는지를 시적으로 증명해낸 작품이다. 작은 새의 절규 하나가 대지를 떨게 만들었다는 상상력은 생명의 위대함에 대한 찬가이며, 사랑의 힘을 믿는 노래이다.

 삼월삼짇날/제비들이 떼 지어 돌아왔다/하늘은 봄빛에 물들고/지붕 위 햇살이 다시 숨쉰다//아기 제비는 보이지 않는다/아기 제비 혹시 바람에 휘말린 걸까/다리가 풀려 마당 끝에/멍하니 주저앉았다//눈을 크게 뜨고/허공을 뒤지듯/대답 없는 하늘을 부른다//어미 곁에서 사랑만 주던 작은 날개/그 아기 제비를 떠올리며/눈꺼풀처럼 내려앉은/어둠 속을 혼자 무게처럼 걸었다
            ― 〈제비를 부르다〉 전문

시 〈제비를 부르다〉는 상실의 정서와 생명의 회귀를 담아낸 시로, 제비라는 상징적 존재를 통해 기다림, 그리움, 상실, 그리고 간절한 기도의 정서를 집약한다. 특히, '삼월삼짇날', '지붕 위 햇살', '허공을 뒤지듯 대답 없는 하늘', '작은 날개', '무게처럼 걸었다'는 시구들이 만들어내는 정서적 흐름은 매우 촘촘하며, 시적 감각과 상징이 탁월하게 배치되어 있다. 표면적으로는 삼짇날의 제비를 기다리는 한 장면을 묘사하지만, 내면적으로는 어떤 잃어버

린 존재, 떠난 생명을 애타게 부르는 절절한 마음의 기록이다.

'제비'는 돌아와야 할 누군가이자, 삶의 순환에 있어 희망과 회복의 상징으로 기능한다. 이 시에서 '아기 제비'는 존재적 결핍과 모성의 감정을 더욱 예민하게 이끈다.

두 번째 연 "아기 제비는 보이지 않는다/아기 제비 혹시 바람에 휩쓸린 걸까"는 시 전체의 전환점이다. 생명의 회귀가 시작되었지만, 가장 연약하고 소중한 존재의 부재가 감지된다. '휩쓸린 걸까'라는 물음은 절망이 아니라 끝내 부정하고 싶은 불안의 정서다. 시적 화자는 확인된 상실이 아니라, 아직 가능성을 두고 희망과 절망 사이에 머물고 있는 상태를 보여준다. 이어서 "눈을 크게 뜨고/허공을 뒤지듯/대답 없는 하늘을 부른다"는 시의 정서가 가장 압축된 장면이다. '눈을 크게 뜬다'는 시각의 확대가 아니라 정서의 절박함이며, '허공을 뒤진다'는 표현은 실체가 없는 무無 속에서 잃어버린 존재를 찾는 몸짓이다. "대답 없는 하늘"은 신神의 부재, 자연의 침묵, 혹은 죽음을 받아들이지 못하는 인간의 비통한 독백이다. "어미 곁에서 사랑만 주던 작은 날개/그 아기 제비를 떠올리며"에서 작은 날개는 단순히 새의 날개가 아니다. 그것은 어미에게만 의존하던 존재, 보호받아야 할 어린 생명의 상징이다. 시적 화자는 그 존재를 상기하며, 한 생명의 무력함, 그것을 기억하는 슬픔의 깊이를 보여준다.

마지막 구절 "눈꺼풀처럼 내려앉은/어둠 속을 혼자 무게처럼 걸었다"는 절창이다. '눈꺼풀처럼'이라는 표현은 감정의 침잠과 고요한 수용, 혹은 체념의 자세를 은유적으로 표현한 시적 장치이며, '무게처럼 걸었다'는 말은 슬픔의 무게가 체화된 이미지다. 이 시는 절망으로 끝나지 않고, 슬픔의 온전한 수용과 애도의 완성으로 나아간다. 이 시 〈제비를 부르다〉는 봄이라는 계절과 제비라는 생명의 상징을 끌어들여, 삶과 죽음, 존재와 부재를 맞물리며 서정의 깊이를 더한다. 제비는 단순한 계절의 새가 아니다. 그것은 사라진 누군가를 부르는 목소리, 그리고 결코 돌아오지 않는 존재에 대한 사랑의 언어다. 이 시는 질문하지 않는다. 다만 대답 없는 하늘을 향해 끊임없이 부른다. 되돌아오지 않는 아기 제비를 끝내 부르고 또 부른다.

어머니와 사랑의 원형을 노래한 〈모정〉〈어미 참새〉〈제비를 부르다〉 등, 세 편의 시는 진달래꽃, 참새, 제비, 핑크빛 사랑, 울음, 산 등의 주요 이미지를 통해 하늘 아래서 존재를 찾는 여정을 노래한 시들이다. 비통하지만 숭고한 정서, 부재를 통한 회상을 특징적으로 잘 표현했다. 어머니는 자연의 품, 생명의 시작점이며 모든 존재의 '첫 하늘'이다. 시인은 어머니와의 기억을 통해 존재의 뿌리를 찾는다.

그건 배신이었다/꿈에서도 몰랐던 일//내 마음이/얼마나 비통했는지/하늘이 무너진다는 말을/너는 알았을까//그 하늘/너도 무너진 적 있니?/숨이 멎고/세상이 멀어지는 순간을/넌 기억하니?//배신당한 고통/한 번이라도/겪어본 적 있니?/하늘 끝

에 걸린 침묵처럼

　　　　　　　　— 〈하늘이 무너질 때〉 전문

　시 〈하늘이 무너질 때〉는 '배신'이라는 단어로 시작하여, '고통', '침묵'에 이르는 감정의 스펙트럼을 간결한 시어로 그려내며, 여백을 살린다. 두 번째 연 "하늘이 무너진다는 말을/너는 알았을까"에서 하늘이 무너진다는 표현은 단순한 과장이 아니다. 상실감과 절망감의 극단을 뜻하며, 그것이 내면의 현실로 전환된다.

　화자는 하늘이 무너진다는 말을 자신의 실제 감정 상태를 드러내는 은유적 절창으로 사용한다. 이때 '너는 알았을까'라는 반문은 단지 화자를 배신한 인물을 향한 것이 아니다. 공감의 부재에 대한 고발이자, 침묵한 세계를 향한 질문으로도 읽힌다. "그 하늘/ 너도 무너진 적 있니?" "배신당한 고통/한 번이라도 겪어 본 적 있니?" "하늘 끝에 걸린 침묵처럼" 독백에서 대화로, 고백에서 공감의 요청으로 확장되는 이 시가 인상적인 이유는 감정을 토해내는 데 그치지 않고, 그 감정을 타자에게 '되묻는' 형식으로 구조화하고 있다는 점이다. 고통이 개인적인 경험에 머무르지 않고, 보편의 경험으로 건너가기 위한 정서적 다리를 놓는다.

　마지막 행 '하늘 끝에 걸린 침묵처럼'은 시 전체를 응축하며 끝을 맺는다. 침묵이라는 단어는 감정의 극단으로 말이 되지 못할 때 선택되는 언어다. 그리고 그것이 '하늘 끝에 걸렸다'는 표현은, 아직 끝나지 않은 상처이자, 사라지지 않은 감정의 매듭을 암시한다. 이정희 시인이 말은 했지만, 여전히 말하지 못한 것이 남아 있으며, 그 말하지 못한 것이 시의 여백으로 남아 독자에게 전가된다. 화자는 상처받은 존재이지만, 그 상처를 타인에게 묻는다. 이는 단지 공감을 요구하는 것이 아니라, 세상에 대한 윤리적 질문의 방식이기도 하다.

빛이 있는 곳마다/당신은 내 발끝에서/숨을 고르고 있었지요/말도 없고, 발소리도 없이/늘 한 발짝 뒤에서/내 하루를 지켜보았지요//넘어질 때도, 웃을 때도/당신은 조용히/내 슬픔의 길이를 재었고/나를 감싸던 그 온기가/위로였음을 몰랐습니다//해가 저물면/당신도 내 곁을 떠났지요/그러나 밤이 되면/내 안의 깊은 어둠으로/다시 숨어들어/꿈처럼 웅크리고 있었습니다//이제야 알겠습니다/그림자는/외롭지 않게 살라고/하늘이 내게 준/깊은 동행이란 것을

― 〈그림자〉 전문

존재의 의미와 관계의 본질을 되짚는 〈그림자〉는 매우 따뜻하고 철학적인 서정시다. 무심히 지나쳤던 '그림자'라는 존재에 대해 시적 자아는 조용히, 그러나 깊게 반추하며, 삶의 곁에 늘 있었던 동행의 의미를 새롭게 자각하게 된다. 특히 언어가 없는 관계, 침묵 속의 돌봄, 어둠과 빛의 리듬 속에서 드러나는 충직한 존재의 상징성을 매우 절제된 어조로 그리고 있어, 감동의 깊이

가 차분하게 스며든다. 빛과 어둠 사이에서 형성되는 '그림자'를 통해, 늘 함께 있었지만 인식하지 못했던 존재의 소중함을 성찰한다. '그림자'는 구체적이면서도 은유적인 존재다. 인간관계 속에서, 혹은 내면 속에서 말없이 곁을 지켜주는 타자 혹은 자아의 일부다.

결말 "이제야 알겠습니다/그림자는/외롭지 않게 살라고/하늘이 내게 준/깊은 동행이란 것을"은 시 전체의 감정을 고백의 형식으로 수렴하며 울림을 남긴다. '하늘이 내게 준'이라는 표현은 그림자를 초월적 배려의 산물, 즉 삶 속에 주어진 보이지 않는 축복으로 받아들이게 한다. 그리고 '외롭지 않게 살라'는 목적은 모든 존재가 추구하는 사랑의 조건으로, 그림자를 통해 사랑의 본질이 '곁에 있음'이라는 사실을 일깨운다. 극적인 서사나 화려한 수사가 없음에도 불구하고, 오히려 그 조용한 어조와 담백한 언어 안에 깊고 오래된 사랑의 정서를 담아냈다. 그림자는 지금껏 우리가 인식하지 못했던 삶의 동행자이며, 그 존재를 '이제야 알게 되었다'는 화자의 고백은 독자에게도 소중한 무언가를 돌아보게 하는 기회를 제공한다.

내 안의 나를 찾아/버티고 또 버텼지만,/굽은 허리와 지친 육신은/불에 달군 쇳덩이처럼/붉게 달아올랐다//노을빛에 물든 내 그림자/하늘이 출렁이듯 어지럽다//어디로 가야 할까/무심한 세월은 잡히지 않고/바람의 틈에 멈춰서서/마음만 헛

돌고 있었다//주변을 둘러보니,/친구들 옷차림이/어느새 나를 닮았다//그때, 바람이 다가와/내 손을 꼭 잡는다/바람과 한 몸 되어/젊은 날의 꿈과 사랑을/되돌려 달라 외쳐보지만//허공을 헤매던 낮달은/다가오는 겨울 앞에서/말없이 빛을 접는다

— 〈단풍, 나를 찾아서〉 전문

계절의 상징인 단풍을 통해 삶의 무게와 상실 속에서 자신을 되찾아가는 여정을 서정적으로 그려낸 시다. 특히 시간의 흐름, 존재의 흔들림, 회복의 의지가 잘 어우러져 있다. 단풍이라는 계절적 배경을 빌려 자기 존재의 깊은 층위로 침잠해 들어간다. '버티고 또 버텼다'는 표현은 삶의 고단함과 인내를 전제한다. 그 뒤를 잇는 "굽은 허리와 지친 육신"이라는 육체적 피로 묘사는 노년의 자화상인 동시에 상징적으로 지친 자아를 말하는 것처럼 보인다. 이내 "불에 타고 쇳덩이처럼/붉게 달아올랐다"는 생명의 정점에서 극렬하게 불타는 마지막 몸짓, 혹은 자기 존재의 확신과 격렬한 회복을 의미한다.

단풍잎은 노을, 붉음, 떨어짐으로 대변되는 무상성의 이미지다. 그 이미지 위에 화자의 그림자를 투영한다. '하늘이 출렁이듯 어지럽다'는 감각적 표현은, 정서적 동요와 함께 자기 실존의 흔들림을 암시한다. 단풍잎 하나가 삶의 은유가 되고, 그림자 하나가 내면의 흔들림이 되는 순간이다. 중후반부에 고요한 단풍 속에서 흔들리던 화자는, 주위를 둘러보고 공감과 연결의 감각을 되

찾는다. 친구들이 자신을 닮았다는 사실은 상실된 자아를 공동체 안에서 회복하는 과정이다. 바람이 등장해 손을 꼭 잡는다는 표현은 감각적 은유를 통해, 치유와 이끌림의 상징으로 기능한다. 마지막 행 "다가오는 겨울 앞에서/말없이 빛을 접는다"는 가장 인상적인 마무리다.

젊은 날의 꿈과 사랑을 외쳐도, 계절은 되돌려주지 않지만 이정희 시인은 절망하거나 저항하지 않는다. 오히려 "말없이 빛을 접는다"며 삶의 윤회를 받아들이는 성숙한 태도를 보인다. 곧 겨울을 준비하는 자의 조용한 존엄이다. 이 시는 단풍을 따라 나를 찾고, 바람을 따라 다시 나를 세우고, 겨울 앞에서 내 삶을 수긍하는 시다. 삶을 조용히 정리하며, '말없이 빛을 접는' 존엄한 자세는 오늘 우리 모두에게 깊은 울림을 남긴다.

살펴본 세 편의 시 〈하늘이 무너질 때〉〈그림자〉〈단풍, 나를 찾아서〉는 무너진 하늘, 그림자, 단풍, 바람 등 주요 이미지를 통해 배신, 고통, 침묵의 순간을 지나며 성숙해지는 화자의 내면 성장에 해당하는 시다. 상실에서 고통으로 고통에서 성찰로 이어지는 자아회복의 노래다. 내면의 독백, 침묵과 고요 속 통과의례적인 의미를 강조하는 특징을 지녔다고 할 수 있다.

이 시집 《하늘을 품다》에서 '하늘'의 변주는 고독한 인간의 응시와 맞물리며 깊은 서정의 결을 만든다. 하늘 향해 손가락을 거는 기도(〈하늘을 우러러〉), 날 수 없는 꽃의 외침(〈앉은뱅이 꽃〉),

유리벽을 사이에 두고 지쳐가는 생명(〈새가 되어〉), 등 그 모두는 하늘에 말을 거는 존재들이다. 이 시집은 구성상 사계의 흐름을 따라가는 듯한 인상을 준다. 봄의 생명과 설렘(〈첫사랑〉, 〈꽃길을 걷고 싶어요〉), 여름의 소망과 동경(〈무지개〉, 〈하늘에 심은 꽃〉), 가을의 회한과 눈물(〈모정〉, 〈당신이 보고 싶습니다〉), 겨울의 고요한 기도(〈고운 마음〉, 〈하늘〉)까지, 시편들이 내면의 계절을 따라 순환한다.

각 시는 짧은 노래처럼 단정하지만, 한 줄 한 줄에 담긴 정서의 깊이는 깊고 무겁다. 특히 〈하늘에 심은 꽃〉이나 〈고운 마음 3〉 같은 시편에서는 우주의 중심에 작은 자아를 놓고, 그로부터 사랑과 믿음이 피어나길 기도하는 목소리가 섬세하게 울린다. '하늘'이라는 이미지를 중심으로 인간의 사랑, 상처, 그리움, 회복, 자유에 이르는 서정을 절묘하게 직조한 시들이다. 교훈이나 메시지를 강하게 내세우기보다는, 조용하고 깊게 독자의 내면에 말을 건네는 서정의 방식이 돋보인다.

지면 관계상 더 살피지 못하지만, 말하지 않고, 소리치지 않으며, 작은 별 하나를 건네듯 독자의 가슴에 감정을 새기는 시들을 읽으며 하늘 한 번 올려다본다. 이 시들은 때로는 "하늘을 우러러 부끄럽지 않기를" 기도하고, 때로는 "하늘에 심은 낮달맞이꽃" 하나로 꿈을 건넨다. '날 수 없는 존재들'이 결국 가장 멀리 나는 모습, 낮은 곳에 있는 존재들이 가장 높은 윤리를 품고 있는 모습 등을 본다. 시인이 바라보던 하늘 한 조각, 그 고요한 몸짓 안에 담긴 시심은 우리가 잊고 있던 사랑과 용기, 작지만 빛나는 존재의 가치를 다시 일깨운다. 이정희 시집 《하늘을 품다》가 오래도록 독자에게 울림을 주게 될 이유다.

끝으로 바람개비를 의인화하여 인내와 생명력을 상징한 〈바람개비에게〉를 감상하며 마무리한다. 시집 상재를 축하한다.

> 노을이 뺨을 스칠 무렵
> 골목 어귀에서
> 너는 쉬지 않고 돌고 있었다
> 바람의 채찍 속에서도
> 너는 고개 숙이지 않았다
> 투명한 날개로
> 허공을 꿰뚫으며 버텼다
> 초승달이 살짝 웃자
> 너는 갑자기 회오리가 되어
> 내 어릴 적 시간을 휘감았다
> 지워진 줄 알았던
> 울음 한 점이 다시 떠올랐다
> 꽃 핀 들판 한가운데
> 나도 너처럼 돌고 싶었다
> 지구의 중심을 향해
> 잠시 나를 잊고

너와 함께 빙글빙글

멈추지 않고 돌고 싶었다

계간문예시인선 220

이정희 시집 _ 하늘을 품다

초판 인쇄 2025년 8월 25일
초판 발행 2025년 8월 30일

지 은 이   이정희
회   장   서정환
발 행 인   정종명
편집주간   차윤옥

펴 낸 곳   도서출판 **계간문예**
주   소   03132 서울 종로구 삼일대로 30길 21 종로오피스텔 1209호
전   화   (02) 3675-5633 팩스 (02) 766-4052
이 메 일   munin5633@naver.com
홈페이지   http://cafe.daum.net/quarterly2015
등   록   2005년 3월 9일 제300-2005-34호
연 락 처   03132 서울 종로구 삼일대로 32길 36 운현신화타워 305호
인   쇄   54991 전북 전주시 완산구 공북1길 16, 신아출판사
ISBN 978-89-6554-319-0 04810
ISBN 978-89-6554-118-9 (세트)

값 12,000원

잘못 만든 책은 바꾸어 드립니다.
저자와 협의하여 인지를 생략합니다.